Hallo! Hallo! Umdenken!

von Gabriele

Verlag DAS WORT GmbH

2. Auflage Februar 2010

Max-Braun-Str. 2, 97828 Marktheidenfeld
Tel. 09391/504-135, Fax 09391/504-133
www.das-wort.com

Druck: Santec Studio und Druckerei GmbH,
Marktheidenfeld

ISBN 978-3-89201-299-3

HALLO! HALLO!
UMDENKEN!

Zur Einführung

So mancher ist unzufrieden mit dem, was war und wie es jetzt ist. Aber nur nicht verzagen! Lassen Sie sich ermutigen und auf die Sprünge helfen, wie auch Sie Ihrem Leben eine Wende zum Positiven geben können!

Gabriele, die Prophetin und Botschafterin Gottes für unsere Zeit, gab anlässlich einer weltweit ausgestrahlten Fernsehsendung auf diese und viele weitere Fragen detaillierte Antworten und Lebenshilfen, die Sie nun in diesem Büchlein lesen können. »Hallo! Umdenken!« – eine echte und sicher für manche eine überraschende Lebenshilfe! Probieren Sie es einfach aus ...

Hallo! Hallo! **Umdenken!**

Umdenken? Ein Begriff, mit dem viele Menschen nicht viel anzufangen wissen, denn: Warum umdenken? Was bringt das schon? Mancher Zeitgenosse ist der Meinung, dass das, was er anstrebt, auch etwas einbringen, sich also rentieren, müsse.
Gehen wir davon aus, dass viele Menschen eine sehr negative Einstellung zu ihrem persönlichen Leben haben und auch gegenüber ihren Mitmenschen. Die negative persönliche Einstellung, auch zu unseren Mitmenschen, zeigt sich unmittelbar in unseren Gedanken und Worten, was die vielen negativen Gespräche, in denen wir andere – und auch uns selbst – herabwürdigen, beweisen. Diese negative Grundhaltung findet auch ihren Niederschlag in unseren Taten, gleich Handlungsweisen, wie uns diese Welt in erschütternder Art und Weise aufzeigt.

Den meisten Menschen ist nicht bewusst, dass Gedanken, Worte und Handlungen Energien sind, die nicht verloren gehen. Auch Gefühle und Empfindungen sind Energien.
„Keine Energie geht verloren", so lehrt auch seit langem die Wissenschaft. Das bedeutet, dass sich die ausgesandten Energien irgendwo festsetzen, sich aufbauen, also verstärken. Fragen wir uns: Wenn keine Energie verloren geht – wo baut sich dann die Energie auf; wo verstärkt sie sich?

Nach dem göttlichen Gesetz des freien Willens ist jeder Mensch für sein Denken, Reden und Tun selbst verantwortlich. Wer das bejahen kann, dem wird früher oder später bewusst werden, dass seine Gefühle, Gedanken, Worte und Handlungen nicht der Nächste oder die Erde oder sonst wer oder sonst etwas speichert, sondern er, jeder selbst.
Der eine oder andere ist eventuell der Meinung, dass er doch positiv denke. Wer sich

selbst verteidigt, könnte nun weiter argumentieren, wie z.B.: „Meine Redeweise verletzt niemanden; ich tue keinem weh. Und auch meine Taten sind ausgewogen. Ich tue meine Arbeit gewissenhaft und verhalte mich als guter Staatsbürger." Und er bestärkt sich in dieser positiven Selbsteinschätzung: „Das ist mein Tag und meine Art zu leben."

Die meisten Menschen sind mit sich selbst beschäftigt und beziehen alle Vorkommnisse auf sich selbst. In jungen Jahren reden sie über die berufliche Ausbildung, über Sport, über Freunde und Freundinnen. Sie klagen darüber, wie unmöglich und intolerant die anderen wären, oder sie bemühen sich, anderen nach dem Munde zu reden, wenn es ihnen darum geht, gelobt zu werden.
Die Jugend denkt selten über das Älterwerden nach, und doch ist jeder Tag ein Reifetag hin zum Älterwerden oder, vom mittleren Alter aus betrachtet, zum Altsein.

Während all unserer Lebensabschnitte, ob in der Jugend, in den Jahren der Mitte oder im Alter, ist jeder von uns eingebettet in Zeit und Raum, also dem Ablauf der Tage, Wochen, Monate und Jahre unterworfen.

Der eine oder andere in jüngerem Alter wird sagen: „Solange ich jung bin, lebe ich, freue mich am Leben. Wenn ich älter werde, muss ich Vorsorge treffen für mein Alter." Ein Mensch im mittleren Alter des Lebens wird unter Umständen denken: „Nun, ich habe noch so und so viele Jahre Zeit bis zur Pension", und der andere, der sich dem Pensionsalter nähert, beschäftigt sich mit der Frage „Was werde ich tun, wenn ich pensioniert bin?" Und er hegt und pflegt Wunschvorstellungen wie: „Ich werde dann ausruhen von der täglichen Mühsal und Plage der Erdenjahre und werde mein Lebensalter genießen, indem ich das tue, was mir Spaß macht."

Jeder denkt, denkt und denkt, und selten einer weiß, was sein Denken, Reden und Tun

zur Folge hat. Die meisten Menschen denken nur an sich. Dabei bleiben die Belange des anderen, der sein Nächster ist, auf der Strecke. Man interessiert sich kaum für sein Wohlergehen.
Die Jugend hat Freizeit, Sport, Freundschaften und vieles mehr im Sinn. In der Ehe oder Partnerschaft heißt es: „Mein Partner, der gehört zu mir." Einige Jahre später heißt es unter Umständen: „Vielleicht werden wir gemeinsam alt." Gibt es in der Ehe oder Partnerschaft Unstimmigkeiten, oder sind die Kinder schon aus dem Haus, dann fühlt sich so mancher nutzlos und schon in das Altwerden hineingestellt.

Solange das Erdenleben einigermaßen glatt abläuft und es keine großen Einbrüche in das Tagesgeschehen gibt, meint manch einer, sein Erdenleben wäre in Ordnung. Doch wer an die Gebote Gottes durch Mose glaubt und an die Lehren des Jesus, des Christus, der müsste

eigentlich auch an seine Mitmenschen denken, im Sinne der Nächstenliebe. Aber die meisten Menschen – einerlei, welcher Glaubensrichtung sie angehören – reihen ihre Mitmenschen in „fremd", „bekannt" oder „unbekannt" ein, in „Freundschaft" oder „Feindschaft" und sprechen gar schnell den anderen die „Lieblosigkeit" zu.
Die meisten Menschen denken selten darüber nach, dass jeder einzelne Mensch nur ein Wanderer ist und dass irgendwann die Wanderzeit auf der Erde ein Ende hat. Die Stunden, die Tage, die Wochen, die Monate und Jahre beweisen es – sie vergehen und können nicht mehr zurückgeholt werden.

Machen wir uns bewusst: Jeden Tag ist jeder Mensch um einen Tag älter. Jeder Mensch fühlt, empfindet, denkt und spricht jeden Tag, und er handelt jeden Tag. Wenn wir wissen, dass keine Energie verloren geht, müssten wir uns jeden Tag die Frage stellen: Wohin gehen die Energien unserer Gedanken und die Energien dessen, was wir reden und tun? Denn alles ist Energie, und alles speichert sich.

Die meisten Menschen leben in den Tag hinein und sind sich ihrer Speicherungen nicht bewusst. Die Wenigsten denken darüber nach, dass ihre Aktionen nicht ohne Wirkung bleiben.

Denn jeder Mensch kann mit einem Computer verglichen werden, der zuerst einmal seine Daten im Ober- und Unterbewusstsein speichert. Im Laufe der Wiederholungen von Gleichem und Ähnlichem beginnt auch gleichzeitig die energetische Speicherung dieser Daten im materiellen und im feinerstofflichen Kosmos. Es sind Planetenkonstellationen, die den Schwingungsgraden der Daten entsprechen, denn Gleiches zieht immer wieder Gleiches an. Dass dies so ist, können wir auch der Tatsache entnehmen, dass kein Sperling vom Dach fällt, ohne dass es Gott weiß, oder, wie es heißt: Die Haare des Menschen sind alle gezählt. – So kann man sagen: Jeder Mensch ist ein Mikrokosmos im Makrokosmos. Jeder Mensch ist somit auch ein kosmisches Wesen, da seine Daten im Makrokosmos gespeichert sind.

Woraus besteht der Makrokosmos, von dem hier die Rede ist? Der Makrokosmos besteht aus der Dichte, die wir Materie nennen, und aus weiteren feinerstofflichen, also jenseitigen Bereichen, in denen Planeten jeweils das energetisch speichern, was gegen das Gesetz der Gottes- und Nächstenliebe ist. – Und weit, weit über den feinerstofflichen Bereich hinaus besteht ewig und unverrückbar das allumfassende Reich des geistigen Universums. Es ist das Reich Gottes, ein absolutes Reich des Friedens, der Einheit, der Geschwisterlichkeit – und über allem steht die All-Liebe.
Das Gesetz der All-Liebe, das Gesetz des ewigen Reiches, des Reiches Gottes, ist DAS

LEBEN. Es strahlt sowohl in den feinerstofflichen Kosmos ein als auch in den grobstofflichen Kosmos, den wir Materie nennen. Somit ist in allem, ob in Seele, Mensch, Pflanze, Tier, Stein, Wassertropfen, in jedem Element, der Geist, Gott, das Leben. Das nennen wir die Allgegenwart Gottes.

Ich darf wiederholen: Das Gesetz der All-Liebe wird von uns Menschen im Abendland auch GOTT genannt. Gott ist Schöpfer und Allgesetz. Das Allgesetz ist zum einen allgegenwärtig in den feinerstofflichen, den jenseitigen Bereichen, in denen sich die Seelen aufhalten, die ihre Körper abgelegt haben – wir nennen die Trennung von Körper und Seele „Tod". Zweitens ist Gott allgegenwärtig im grobstofflichen Kosmos, den wir Materie nennen, der ebenfalls eine Speicherquelle für menschliche Negativ-Energien ist. In ihm bauen sich sogenannte Matrizen auf, aus Eingaben, die der Mensch für die weiteren Inkarnationen seiner Seele geschaffen hat.

Eine solche kosmische Matrize besteht also aus energetischen Bausteinen. Diese ziehen eine Seele, entsprechend ihrer Belastung, zum Zeitpunkt einer bevorstehenden erneuten Inkarnation an.

Jeder Mensch besteht somit aus drei Komponenten. Es ist die All-Liebe, der Geist, der Schöpfergott im Urgrund jeder Seele; es ist die Seele selbst, ein feinerstoffliches Gebilde, das tief in sich das feinstoffliche Allkleid trägt – das Geistwesen, das dem Reich Gottes angehört. Die Seele wird umhüllt vom physischen Körper, dem Menschen.
Körper, Seele und Kosmos sind also Speicherquellen, die der Seele und des Menschen eingelagerte Speicherungen ausstrahlen. Die Belastungen der Seele werden vom materiellen Kosmos und in den feinerstofflichen Planeten gespeichert, in den Reinigungsebenen der Seele. – Die *reinen* Energien eines gelebten gottbewussten Lebens verbinden sich mit

dem Reich Gottes, das die ewige Heimat des reinen göttlichen Wesens ist, das im Urgrund der Seele jedes Menschen pulsiert.

Wir könnten uns die Frage stellen: Was speichern wir? Was speichert jeder Einzelne von uns? Das kann jeder nur selbst ergründen, indem er seine Verhaltensweisen hinterfragt. Manch einer wird sagen: „Was soll das Hinterfragen? Ich kenne meine Gedanken; ich weiß, was ich sage oder tue." Liebe Leser, ist das wirklich so? Kennen wir uns, oder tun wir nur so – betroffen oder gar aufgebracht über diese Aussagen, eventuell deshalb, weil wir uns tatsächlich nicht bis ins Letzte kennen?

Soeben haben wir von den „Speicherungen" gelesen und dass jeder den freien Willen hat, zu tun und zu lassen, was er will. Doch jeder ist nach dem Gesetz des freien Willens für seine Verhaltensweisen selbst verantwortlich. Die Aussage über die Selbstverantwortung könnte so manchen Leser schockieren, vor allem dann, wenn er glaubt, alles müsse der allmächtige Gott quasi selbsttätig regeln und in Ordnung bringen, ähnlich, wie es manche Religionen lehren.

Dürfen wir mit der Erklärung bezüglich des Hinterfragens etwas ausholen, um Klarheit darüber zu schaffen, warum sich der Einzelne nur bedingt kennt und oftmals sehr, sehr enttäuscht ist, wenn er dann Schicksalsschläge erleidet, wenn er krank wird oder im Alter gebrechlich ist und, wie wir sagen, seinem Alter gemäß eingeschränkt, zu leben hat.
Wir Menschen heben vielfach die Schultern und sagen: „Gott lässt sich in Seine Geheimnisse nicht schauen", oder wenn der Mensch älter ist, sagen wir „Er ist eben nun alt".
Es bedarf der Einsicht in die grundlegenden geistigen Zusammenhänge, damit der Mensch erfassen kann, ja, damit ihm „aufgeht", was diese für ihn persönlich bedeuten.

Daher sollen hier die Fakten, die darüber Aufschluss geben können, wiederholt dargebracht werden.

Wenn Sie möchten, folgen Sie mir also in eine Betrachtung: Gedanken, Worte und oftmals Handlungen können mit Hülsen verglichen werden oder mit einer Walnuss. Wenn wir eine Walnuss vor uns haben – essen wir die Schale oder den Kern? Sie werden sagen: „Das ist doch logisch – wir können doch nicht die harte Schale essen! Sie bringt nichts; wir beißen uns eventuell nur die Zähne aus. Die logische Antwort heißt: Wir essen den Kern. Der ist inhaltsreich und nahrhaft."
Ähnlich ist es mit unseren Gedanken, mit unseren Worten, mit unserem gesamten Verhalten. Hand aufs Herz: Wie oft reden wir scheinbar positiv. Wir loben; wir sprechen aufmunternd. Wir geben vor, hilfsbereit zu sein, dem anderen ohne große Gegenleistung helfen zu wollen. Doch wie sieht es

häufig hinter unseren Worten aus? Gehen wir den wohlklingenden Worten ehrlich auf den Grund: Wollen wir etwa mit unseren schönen, aufbauenden und lobenden Worten insgeheim bei unserem Nächsten etwas erreichen? Wollen wir etwas vortäuschen, was wir in Wirklichkeit, in unserem Herzen, gar nicht meinen?

Das Äußere also ist das Scheinheilige – das ist die Schale. Der Kern ist oftmals sehr bitter: ungenießbar, berechnend, abwertend und unter Umständen einiges Üble mehr.

Wir haben von der Speicherung gehört. Diese orientiert sich an unserer wahren Gesinnung. Wir speichern nicht die Hülse, nicht die Schale, sondern wir speichern den Inhalt – das, was hinter unserem Schöngetue abläuft.

Betrachten wir uns selbst: Die Schale der Walnuss sieht oftmals sehr einladend aus. Sie lässt vielleicht vermuten, dass ein guter Kern in der Walnuss steckt, der schmeckt. Doch wie

sieht es hinsichtlich unserer Worte und Gedanken wirklich aus? Wie sieht es z.B. aus mit unseren Gedanken? Unsere Gedanken geben sich oftmals sehr lauter und wohlmeinend, aber vielfach ist das eben nur Schein. Der Inhalt – die Gefühle – kann gehässig, neidisch und feindselig sein.
Merken wir uns: Nicht das Äußere, den Schein, die Hülse, die Hülle, die Schale, speichern wir in unserem Ober- und Unterbewusstsein, also im Kopf und in der Seele und über die Seele in den Planetenkonstellationen – wir speichern die Inhalte unserer Gedanken und Worte, das, was wir unter schönen Gedanken, unter liebevollen Worten oder Gesten verbergen.

Es gibt viele Gründe, warum wir Worthülsen gebrauchen. Oftmals sind unsere Worthülsen Lockungen, weil wir vom anderen Schmeicheleien erwarten. Wir wollen z.B., dass der Chef unsere Arbeit lobt, dass der Freund un-

serem Aussehen schmeichelt oder dass unser Mitmensch das tut, was wir nicht tun wollen. Es gibt also viele Nuancen von Wortschalen oder Worthülsen. Was vordergründig und hintergründig abläuft, ist in jeder Situation unterschiedlich. Wir müssen es jeweils hinterfragen.
Wenn wir unser Verhalten ernsthaft, gleich gewissenhaft, analysieren, müssten wir doch sehr oft sagen: „Was ich soeben gesagt bzw. getan habe, ist letztlich Falschheit. Der Inhalt dieser meiner Worthülsen ist Eigensucht, Selbstsucht oder die Abwertung des Nächsten, die Selbstaufwertung usw."

Zusammenfassend sei noch einmal gesagt: Wir speichern die Inhalte unserer Worthülsen! Weil wir im Oberbewusstsein, im Unterbewusstsein, in unserer Seele speichern und über die Seele in Planetenkonstellationen, sind wir, jeder Einzelne von uns, der Mikrokosmos im Makrokosmos. Wir speichern uns

selbst und speichern uns in den entsprechenden Kosmen.
Vergegenwärtigen wir uns unsere alltäglichen Abläufe, führen wir uns unseren Arbeitsplatz vor Augen, unsere Kollegen und Kolleginnen! Wo wir auch sind, was wir auch tun – wir denken. Ist uns selbst bewusst, was unter unseren Gedanken vor sich geht? Wir könnten uns auch fragen: Was reden wir mit unseren Mitmenschen? Was sind die Inhalte unserer Worte? Warum machen wir unter Umständen so viele Worte? Wen wollen wir damit überzeugen? Was wollen wir erreichen?
Ein weiteres Mal die Frage an uns, die von Bedeutung ist: Was sind die Inhalte unserer Gedanken und unserer Worte? – Denn nur das speichern wir in unseren Körperzellen und in unserer Seele und, wie dargelegt, auch in den Kosmen.
Wird uns diese Diskrepanz in unseren Lebensäußerungen bewusst, erhebt sich die Frage: Was ist zu tun?

Ein wohlmeinender Rat wäre: Wir könnten uns immer mal wieder zurückrufen, in dem Bewusstsein: „Hallo, hallo! Umdenken!“ Denn dann könnten wir über uns Klarheit gewinnen, in der Frage: „Ja, wo war ich, in welchen Niederungen steckte oder hing ich mit meinen Gedanken?“ Die Erkenntnis in einer speziellen Situation könnte sich für uns wegweisend, ja bahnbrechend auswirken. Denn daraufhin könnten wir nun alle Situationen unseres Tages hinterfragen, z.B. während unserer Arbeit: Wo sind unsere Gedanken? Ja, wo sind sie? Eventuell im kommenden Urlaub? Oder beim Wochenende? Oder am Abend bei Geselligkeit, bei Freizeit, bei Sport und vielem mehr?
Ist dies oder Ähnliches der Fall, so bedeutet das nämlich, dass wir Energie aus unserer Arbeitstätigkeit nehmen. Es hat zur Folge, dass wir viele unnütze Schritte und Arbeitsvorgänge tun, bevor wir zur effektiven Tätigkeit kommen. Wir nehmen also Energie von unserer

Arbeit; damit schädigen wir schlussendlich den Betrieb.
Bedenken wir: Für alles, was wir denken, reden und tun, sind wir nach dem Gesetz Gottes verantwortlich. Es ist für unsere Erdenzeit das Gesetz von Saat und Ernte; wir bezeichnen es auch als das Gesetz von „Ursache und Wirkung". – Aktion gleich Reaktion, sowohl im Positiven als auch im Negativen. Was wir anrichten, schlägt auf uns selbst zurück. Wir schädigen uns also selbst durch die negativen Inhalte unseres Verhaltens.

Wir sollten es einmal in aller Konsequenz begreifen:
Durch Negativ-Energien aller Art, durch Hass, Neid, Feindseligkeit und Streit in Ehe und Partnerschaft, ebenso durch Querelen mit unserem Nachbarn, am Arbeitsplatz, mit unseren Kollegen und Kolleginnen, durch Genusssüchte und Sexualsucht belasten wir unsere Seele und in der Folge auch unseren

Körper. Wir bauen Körper- und Seelenenergie ab; wir werden schwächer und werden anfälliger für Krankheiten und Schicksalsschläge.

Noch Weiteres fällt unter die Rubrik „Schwächung": Wir haben beständig unser Wollen und unser Wünschen vor Augen, das letztlich auf Kosten anderer erfüllt werden soll. Wir wollen, dass der andere für uns das tut, was wir nicht tun wollen. Wir sind darauf aus, dass der andere uns anerkennt und lobt, dass er uns das Leben angenehm macht. Damit ziehen wir vom anderen Energie – auf jeden Fall von dem, der auf uns eingeht. Damit schwächen wir ihn, der uns willfährig, eventuell sogar hörig ist. Das bleibt im Gesetz von Ursache und Wirkung nicht ohne Folgen: Wir sind nun an diesen Mitmenschen gebunden, auch im Jenseits als Seele, dann, wenn beide Seelen ihre Hüllen abgelegt haben. Sie treffen sich wieder, als Seelen im Jenseits oder in einer weiteren Einverleibung.

Was negativ und somit gebunden ist, muss also irgendwann gelöst werden. Wir Menschen haben den Schlüssel für die Lösung unseres Gegensätzlichen von Jesus von Nazareth bekommen, der uns unter anderem im Vaterunser lehrte: „... und vergib uns unsere Schuld, so wie wir vergeben unseren Schuldigern. Du führst uns in der Versuchung, und Du erlöst uns von dem Übel."
Wir sollten die Freiheit anstreben, die sich ausschließlich durch Bereinigung unseres erkannten Sündhaften einstellt. Denn das Gesetz der Gottes- und Nächstenliebe beinhaltet die Freiheit, das Freisein von Negativem, von Gegensätzlichem, von Fehlverhalten gegen unser wahres Leben, das letzten Endes göttlichen Ursprungs ist; denn tief in unserem Seelengrund ist die Essenz des Reiches Gottes, ist das Geistwesen der Himmel.

Durch unser allzumenschliches, sündhaftes Verhalten schwächen wir, wie gesagt, unseren Körper. Das bedeutet, dass wir unter Umständen erkranken. Jede Krankheit hat eine Ursache. Wir können sie, durch beharrliches Selbstbefragen, ganz allmählich zurückführen auf unser falsches Denken und Verhalten. Die von uns gespeicherten negativen Gedankenkomplexe – also Inhalte von Gedanken, von Worten, von unserem gesamten Fehlverhalten – nehmen Einfluss auf unsere Organe, auf unsere Zellen, auf alle Bausteine unseres Körpers. Unser Schicksal liegt folglich in unserer Hand.

Die Körperschwäche kann sich gerade im Alter verstärkt bemerkbar machen. Dies besonders dann, wenn der Mensch in der Blütezeit seines Erdendaseins, also im Arbeitsleben, immer mehr wünschend und hoffend an das Alter gedacht hat, in dem Sinne: „Dann werde ich endlich von der Last des Arbeitslebens befreit sein; dann werde ich endlich in den wohlverdienten Ruhestand gehen, um

mir das erfüllen zu können, was ich mir im Berufsleben nicht erlauben konnte." So wird in der Blüte des Lebens der Ruhestand zur Wunschwelt, bestehend in der Absicht, im Pensionsalter, um die 60, 65 Jahre, alle bisher gehegten Wünsche Wirklichkeit werden zu lassen, sie auszuleben.
In der Mitte des Lebens entsteht auf diese Weise in manchem ein Bild dessen, was er im Ruhestand alles genießen möchte, und er meint: „Endlich Freiheit! Endlich mal weg vom täglichen Stress!" Seine ganze Wunschwelt ist geprägt vom winkenden Rentenalter; es ist sein Zukunftsdenken.

Kommt der Mensch dem Alter von 60 Jahren näher, und treten im Laufe der Zeit diese und jene Gebrechen auf, so möchten diese ihm signalisieren, was er zuvor an Negativenergien in seine vielen Gedanken und Worte gelegt hat. Diese seine gegensätzlichen Aspekte könnte er in dem erkennen, was sich in seiner

Wunschwelt bezüglich des Alters tummelt. Das könnte er dann analysieren. Doch diese Chance wird häufig nicht wahrgenommen. Statt dessen spricht so mancher vermehrt vom Altsein oder stellt resigniert fest: „Ich werde eben alt."

Und er spinnt an seinem Lebensfaden weiter, indem er sich in weiteren Wunschvorstellungen ergeht und Gedanken pflegt wie z.B. die folgenden: „Ich komme allmählich aus dem Arbeitsstress heraus, aus dem täglichen Einerlei: Jeden Morgen pünktlich aufstehen, die Arbeit, der unzufriedene Chef, die mürrischen Kollegen und Kolleginnen – allmählich habe ich das alles nun hinter mir. Im Grunde kann ich mich jetzt schon meinem Alter hingeben und mir folgendes vornehmen: Ich schlafe länger; ich ruhe öfter; mache meinen Mittagsschlaf; gehe spazieren; setze mich vor den Fernseher; mache Urlaub. Ich plage mich nicht mehr so, sondern genieße meine Tage."

Die Gespräche dessen, der seinen Ruhestand herbeisehnt, drehen sich zunehmend um das Älterwerden oder gar um das Altsein. Er spricht mit der Familie, mit den Freunden, mit den Nachbarn darüber und merkt gar nicht, dass er dadurch wirklich rascher altert, denn sein Organismus wird ganz langsam träge. Dieser Mensch welkt nicht nur, sondern er wird auch immer behäbiger. Die Initiative, aus den Augenblicken des Tages das Beste zu machen, ja, dem Tag das Beste abzugewinnen, schwindet dahin. Lässt dann die Gesundheit zu wünschen übrig, so passt das auch in sein Bild: „Ach, das ist nun mal das Alter."

Noch hält der Körper still. Doch einige Jahre später beginnt es in den Gliedern zu reißen und zu ziehen. An dieser und jener Körperstelle treten Beschwerden auf. Der Mensch fühlt, dass sein Körper immer schwerer wird. „Jeder Schritt", so klagt er, „wird zur Belastung. Denn auch meine Knie schmerzen;

die Beine und Füße tun nicht mehr so wie früher ohne große Willensanstrengung ihren Dienst." Und er denkt: „Könnte das eventuell Arthrose sein?" Diese Diagnose bestätigt er sich auch noch selbst, indem er den Gedanken verfestigt: „O ja, ich habe wohl Arthrose." Der nächste Gedanke könnte heißen: „Es ist doch besser, ich nehme einen Stock, auf den ich mich stützen kann, um hin und wieder noch spazieren zu gehen."

So geht es weiter bergab. Nun fällt ihm auch das Bücken schwer, geschweige denn, in die Hocke zu gehen, um etwas aufzuheben. Dann stöhnt er und baut weiter an seinem selbstgeschaffenen Negativbild: „Ja, ja, es ist wirklich nicht leicht zu ertragen!"

Der Mensch fährt fort, sich über das Alter auszulassen – mit den Nachbarn, mit den Verwandten. Er klagt über die Mängel und jammert: „Zu altern ist doch sehr, sehr beschwerlich." Ein Seufzer zieht ihn zurück in die Jugend; längst vergangene Tage leuchten

auf: „Wie war es doch schön in den jungen Jahren, als man noch so richtig springen und sich bewegen konnte!“ Mit dem nächsten Seufzer aber lässt er sich bereits wieder in die Kapitulation sinken: „Ach, das Alter ist nun mal so. Man muss es offenbar annehmen, wie es ist: immer steifer, immer gebrechlicher.“ So belastet sich der Mensch selbst und beschleunigt den sukzessiven Abbau seiner Lebenskraft und seiner Lebensqualität.
Bedenken wir es recht, so könnte es durchaus auch anders aussehen. Denn zwar geht im Alter die Lebenskraft etwas zurück, doch die Vitalität könnte weitgehend erhalten bleiben. Das setzt jedoch voraus, dass man in jungen Jahren der Seele und dem Körper, also dem Mikrokosmos, positive Lebenskraft, eine positive Einstellung zum Nächsten, zur Arbeit und zum Leben, zugeführt hätte.

In jungen Jahren haben viele Menschen ihre Lebensenergie unbedacht nach und nach abgegeben. Wodurch? Man dachte falsch, man dachte schwermütig und bejahte den Trübsinn geradezu durch Pessimismus und negatives Denken. Man pflegt seine Depressionen, die man aufgrund dieser und jener Gegebenheiten und Vorkommnisse gerechtfertigt sieht und vertieft und zementiert sie somit. Man stellt Ansprüche, möchte gelobt werden. Den anderen aber tadelt man; man ist gegen ihn statt für ihn. Man nimmt schwere Nahrung zu sich und die entsprechenden Getränke.

Man lebt gegen seinen Organismus. Dadurch hat man in jungen Jahren den Körper schwer gemacht, ihn also belastet. Infolgedessen ist man dann im Alter auch hinfällig und gebrechlich. Und worin ist dies letztlich begründet? Warum also? Weil einen solchen Menschen die Inhalte seiner Gedanken und seines sonstigen negativen Verhaltens zu Fall gebracht haben.

Deshalb heißt unser Thema: Hallo, hallo! Umdenken!

Jeder Mensch wird älter; das ist kein Übel an sich. Die Lebensjahre schreiten fort. Deshalb muss er aber nicht altern oder „alt“ werden. Halten wir folgende Begriffe fest, um darüber nachzudenken: „älter werden“ oder „alt sein“. Und: „jung sein“ oder „jugendlich bleiben bis ins hohe Lebensalter“.
Jeder Mensch, der in der Mitte seines Lebens steht, muss erfahren, dass er nach und nach welkt. Das bringt nun mal der Lauf der Zeit mit sich. Doch keiner müsste alt, gebrechlich und leidend werden, so, wie viele das Altsein sehen oder im Alter gar sind. Die Angst der meisten Menschen vor dem Alter ist insofern durchaus berechtigt, als sie schon in der Mitte des Lebens ihre Energie vermindern, eben durch ihr falsches Denken und Verhalten. Deshalb könnte das Gebot der Stunde – für Jugendliche, ebenfalls jedoch für Menschen

im mittleren Alter – lauten: Hallo, hallo! Umdenken!!
„Hallo, hallo! Umdenken!" wäre der Rettungsanker auch noch für viele im fortgeschrittenen Lebensalter, sofern sie bereit sind, ihre Denkwelt zu hinterfragen und Gedanken der Freude, des Friedens und der Gesundheit zu pflegen.
Wie wir sehen, hat ein jeder den Schlüssel zu Wohlergehen, Lebenskraft und Lebensfreude selbst in der Hand.

Wie wäre es, wenn Sie zum eigenen Forscher werden, indem Sie sich selbst ergründen? Am besten ist es natürlich, in jungen Jahren zu beginnen und rechtzeitig Energie zu sparen, ja darüber hinaus Energie zu sammeln, für die nächsten Lebensabschnitte. Und wer an das Weiterleben der Seele glaubt, der könnte sich auch um seine fernere Zukunft Gedanken machen, sogar im Hinblick auf die Lebensspanne, wenn er hingeschieden ist. Denn

ein Weiterleben mit geringer Seelenenergie ist hier wie „drüben" nun mal beschwerlicher. Das Weiterleben mit Lichtenergie in der Seele hingegen bringt die Seele vorwärts in lichtere Regionen, in lichtere jenseitige Lebensabschnitte, in denen sie weitere Kraft schöpfen kann, so dass sie sich höher zu entwickeln vermag.
Ob wir Menschen an ein Weiterleben nach dem Leibestod glauben oder nicht – jeder muss sich eingestehen, dass er nur ein Wanderer über diese Erde ist und dass jeder seinen Wanderweg selbst bestimmt. Wir Menschen sind im Zeitlichen nicht ewig zu Hause. Unser wahres Sein ist das Geistwesen im Seelengrund, und unsere wahre Heimat ist das Reich Gottes, das unumstößliche Gesetze hat.

Wir Menschen sind gerufen, unsere Seele und unseren Körper zu läutern, so dass wir einst als lichte Wesen wieder zurück ins ewige Reich, in unsere wahre Heimat, gelangen.

Deshalb gilt für uns das Gesetz der Gottes- und Nächstenliebe, aus dem sich die Freiheit ergibt, die Geschwisterlichkeit, die Einheit. Die Schöpferkräfte der Natur, die Geistkräfte des Lebens – alles, aber auch alles, ist tief in unserer Seele als Essenz, als Licht und Kraft, angelegt. Deshalb der Ruf: Hallo! Hallo! Umdenken!!

Alles hat uns immer einiges zu sagen. Und in allem ist die ewige Kraft Gottes, der Keim des Guten. So kann das zunächst als negativ Empfundene zum Auslöser für eine positive Entwicklung werden, wenn wir das Positive darin ergründen und dieses zur Richtschnur für unser Denken und Leben machen. Das ist wichtig, denn ohne diese innere Wende speichern wir unweigerlich das Negative, das uns zum Verhängnis werden kann.

Wir lasen, dass jeder Mensch sich selbst, seine Lebensäußerungen, speichert. Er kann also mit einem Computer verglichen werden. Er speichert sich zum einen selbst und gibt darüber hinaus seine Daten auch in bestimmte Speicherplaneten des Kosmos ein, die die Art seiner Speicherungen, also ihre Frequenz, aufnehmen. Von diesen, ihm entsprechenden Planetenkonstellationen ausgehend, wird er entweder geführt oder gesteuert. Das geschieht je nachdem, wie sich der Einzelne zu seinen persönlichen Eingaben verhält – ob er die negativen Daten erkennt, bereut, bereinigt und Gleiches und Ähnliches nicht mehr denkt, redet und tut, oder ob er seinen Programmen noch einiges an Ungutem hinzufügt.

Geben wir positive Energien, die mit den Geboten Gottes und den Lehren des Jesus, des Christus, in Einklang stehen, in unser Ober- und Unterbewusstsein und in die entsprechenden Speicherplaneten im Kosmos ein, dann strahlen uns auch positive Kräfte zu. Das bedeutet, dass unsere Seele lichter

und freier wird und sich so auch unser Körper von den bedrohlichen Schatten, die unter Umständen zu Schicksal, Leid und Krankheit führen würden, befreit.
Ein tägliches Prüfungsraster könnten die Zehn Gebote Gottes und die Lehren des Christus sein. Einer der Kernsätze darin lautet: Was du willst, dass dir andere tun, das tue du ihnen zuerst.
Was könnten wir auf das Prüfungsraster der Zehn Gebote und der Lehren des Jesus, des Christus, legen? Beginnen wir, uns selbst zu prüfen! Prüfen wir zu allererst unsere Gesinnung, die uns aus den Inhalten unserer Gefühle, Gedanken, Worte und unseres Verhaltens anstrahlt. Z.B. wir denken und denken oder reden und reden – was steckt in unseren Gedanken? Was steckt in unseren Worten oder gar in unserem Verhalten? Das müsste auf das Prüfungsraster gelegt werden, denn der Kosmos prüft uns anhand dessen, was *in* unserem Verhalten liegt.

Die Prüfung, der wir uns selbst unterziehen könnten, lautet also: Was liegt wirklich unter meinen Gedanken, z.B. wenn ich über meinen Nächsten nachsinne? Was steckt in meinen Worten, wenn ich über meine Mitmenschen rede? Oder was steckt in meinen Handlungsweisen, wenn ich dies oder jenes tue oder vom anderen das oder jenes erwarte, was ich hätte selbst tun können?
Unsere persönlichen Maßgaben haben innerhalb unseres Arbeitsverhältnisses jedoch keine Gültigkeit. Wir haben für das, was von uns am Arbeitsplatz zu erledigen, also zu erfüllen ist, die Unterschrift geleistet, also einen Vertrag abgeschlossen. Dieser Vertrag sollte eingehalten werden.

Im übrigen: Wir speichern unentwegt. Mit jedem Inhalt unserer Gedanken, mit jedem Inhalt unserer Worte und unserer Handlungen speichern wir. So könnte man auch sagen: Unsere Gefühle und Empfindungen gehen letztlich unseren Gedanken und Worten voraus. Wir können sie in unseren Gedanken, Worten und Handlungen durch Hinterfragen ergründen.

Der Gesamtkomplex der Speicherungen setzt sich zusammen aus unserem Fühlen, Empfinden, Denken, Sprechen und Handeln. Dieses Gesamtverhalten zeichnet unser Charakterbild, und es zeichnet letzten Endes unseren gesamten Körper, unsere Mimik, unsere Gesten, unser gesamtes Körperverhalten und Körpervolumen.

Denken Sie also um! Umdenken heißt, sich selbst zu ergründen, sich selbst daraufhin zu erforschen, was wirklich und wahrhaftig die Inhalte unserer Gedanken, Worte und Handlungen sind. Sind sie negativ, geben wir z.B. Positives, Schönes, Liebevolles vor, der Inhalt aber ist Gehässigkeit, Neid, Abwertung des Nächsten, dann müssten wir uns selbst zur Ordnung rufen. Und drei Worte könnten uns helfen: „Hallo, hallo! Umdenken!“

Wenn Sie diese drei Worte „Hallo, hallo! Umdenken!" ernst nehmen, dann werden Sie auch für die Umprogrammierung Ihres „Computers" sorgen. Nehmen Sie also die drei Worte mit in Ihren Computer auf. Speichern Sie diese!: „Hallo, hallo! Umdenken!"

Wie merken wir, wenn wir negativ denken oder gar reden? Zuerst können wir es am Nervensystem ablesen. Denn auf die Inhalte unseres Denkens, ja unseres gesamten Verhaltens reagiert sofort das Nervensystem. Wir werden unruhig, hektisch; die Gesichtszüge verändern sich; die Mimik wird hart. Wir sehen sozusagen verbissen aus, oftmals einem Panther gleich, der auf dem Sprung ist, sein Opfer zu erlegen.
Wenn also unser Nervensystem in diese Situation kommt, dann müssten wir der drei Worte gedenken: „Hallo, hallo! Umdenken!"
Zuerst jedoch immer die kritische Frage an uns: Was liegt in meinem Denken, in meinem

ganzen Verhalten? Das lege ich auf das Raster der Zehn Gebote Gottes und der Lehren des Jesus, des Christus. Dann merke ich, was durchfällt und was der Prüfung standhält.

Werden wir also unser eigener Forscher! Was liegt unserer Verhaltensweise zugrunde? Das müssten wir aus unserem Kopf, aus unseren Gehirnzellen schaffen, damit es sich nicht in unseren Körperzellen festsetzt. Das bedeutet: so bald wie möglich, bevor – merklich oder unmerklich – die Auswirkungen einsetzen.

Ich darf uns noch einmal die große Hilfe und Fürsorge des Jesus, des Christus, nahe bringen, die wunderbare zentrale Botschaft der Bergpredigt, die heißt: „Was du willst, dass dir andere tun sollen, das tue du ihnen zuerst." Anders gesprochen: „Was du nicht willst, dass man dir tu', das füg' auch keinem anderen zu."

Gerade durch den letzten Satz könnten wir in vielen, vielen Situationen Hilfe finden, indem wir uns fragen: Wollen wir, dass unser

Nächster, der „andere“, so über uns denkt, wie unter Umständen die Inhalte unserer Gedanken über ihn sind? Wollen wir, dass unsere Mitmenschen uns mit scheinheiligen, liebevollen, schmeichlerischen Worten begegnen, deren Inhalte aber Ausbeutung, Ausnützung, Abwertung, Gehässigkeit und vieles mehr bergen? Wollen wir, dass einer unserer Nächsten uns in seinen Gedanken zum Sexualobjekt macht und Gedanken hegt, die unter Umständen unserem Körper anhaften, weil wir ähnlich denken? Wollen wir, dass uns Gedankenenergien anderer unter Umständen zu etwas zwingen, das wir gar nicht beabsichtigen und später eventuell doch wollen, weil unsere gleichartigen Gedanken – oder auch nur Reste von unvollständig bewältigten Programmen – aktiviert wurden?

Vieles davon wollen wir nicht; also sollten wir auch nicht so ähnlich denken, wodurch wir Gefahr laufen, anderen unsere Energien zu übertragen und uns so an sie binden, nach dem Prinzip „Trenne, binde und herrsche". Wer bindet sich an den Nächsten? Der ihm zu Willen ist. Wobei, nebenbei bemerkt, dieser mit seiner Unterordnung meist nur seiner Schwäche folgt, seinem Mangel an wahrer innerer Eigenständigkeit. Deshalb begibt er sich – offen oder verdeckt – unter das Diktat des Egostärkeren. Und wer herrscht über den anderen? Der, der seinen Nächsten zwingt. Beide sind aneinander gebunden. Irgendwann kommt für beide die Stunde. Wer muss für wen abtragen? Beide tragen ab, der Schwache wie auch der Stärkere, der ihm seine Gedanken aufoktroyiert hat. Also fallen beide in die Grube, um abzutragen, was sie einander angetan haben.

Umdenken heißt immer, sich selbst in Frage zu stellen und sich selbst zu erforschen, um Klarheit darüber zu erlangen, was von uns in Empfindungen, Gefühlen, Gedanken, Worten und Handlungen ausgeht. Denn das bestimmt unsere Zukunft!

Achten wir also jetzt darauf, dass wir mit unseren Seelen- und Körperenergien haushalten, das heißt sparsam umgehen, um nicht im Laufe der Jahre in unseren eigenen Fangseilen zu hängen, indem wir nicht mehr so können, wie wir gerne wollen, indem uns unser Alter Mühsal und Last bedeutet und nur noch ein Gehstock das Altsein auffängt.
Ob wir es angesichts unseres dreidimensionalen Denkens und Fassungsvermögens zu glauben vermögen oder nicht: In uns ist ein mächtiger All-Helfer, der um alle Dinge weiß, der uns, jeden Einzelnen, durch und durch kennt. Es ist der Geist Gottes im Ursprung unserer Seele, der uns mit jedem Atemzug ruft, umzudenken und uns bewusst zu machen, dass wir tief in unserer Seele größer sind, als wir zu denken vermögen. Sein Wille ist, dass wir unsere Gedanken, Worte und Handlun-

gen, ja unser ganzes Verhalten ständig hinterfragen, um zu erkennen, wer wir wahrhaftig sind. Erst dann können wir allmählich ermessen, dass unsere Gegensätzlichkeiten einen fortschreitenden Energieverlust bewirken, der sich spätestens dann, wenn wir älter werden, bemerkbar macht.

Gott, der Ewige in Christus, unserem Erlöser, möchte uns beistehen. Er möchte uns helfen. Er möchte uns begleiten und beschützen. Der Helfer in uns ist der Geist, der Christus-Gottes-Geist. Wenn wir wollen, denken wir um, um uns selbst zu erkennen und uns letzten Endes selbst zu finden!
Wer Schwierigkeiten mit dem Hinterfragen seiner Verhaltensweisen hat, dem könnten, wie gesagt, die Bergpredigt Jesu und die Zehn Gebote Gottes durch Mose hilfreich sein. Oder wir beginnen schlicht und einfach mit der Aussage des Jesus von Nazareth: Was du willst, dass dir andere tun sollen, das tue du

ihnen zuerst. – Das könnte auch dazu beitragen, uns selbst zu finden. Verhalten wir uns von nun an aufrichtig und gerecht unseren Nächsten gegenüber, dann wird es auch in unserem Gemüt leichter. Wir werden freier und werden auch bewusster leben.

Es gibt viele Möglichkeiten, uns zu hinterfragen, auch bezüglich unseres Arbeitsplatzes. So kommt es vor, dass einem Menschen der Arbeitsplatz verloren geht, weil der Arbeitnehmer zu viel Energie vom Betrieb nimmt, da seine Gedanken ganz woanders sind und er nur mechanisch seine Arbeit tut, was unter Umständen viel, viel mehr Zeit in Anspruch nimmt, als wenn er mit seinen Gedanken bei der Arbeit wäre.
Auch hier könnten wir uns hinterfragen, um uns zu erforschen. Wir könnten uns ein Positiv-Programm vorgeben, das heißt: Immer dann, wenn meine Gedanken unlauter werden, wenn die Inhalte meiner Worte ge-

hässig sind, meine Gedanken von der Arbeit abschweifen oder ich gar leidenschaftliche Wünsche pflege – dann der Ruf: „Hallo, hallo! Denke um!" Was du nicht willst, dass man es dir zufügt, das füge auch deinen Mitmenschen nicht zu, auch nicht deinem Arbeitgeber, der dich mit einem bestimmten Vertrag eingestellt hat.

Im Zeitlichen wahrhaftig zu leben, ist wahrlich ein kostbares Gut. Durch unser Umdenken beginnen wir unter anderem, unser Fehlverhalten zu bereuen und zu bereinigen, unsere Mitmenschen für ungute, wenn nicht gar böse Werke um Vergebung zu bitten und unserem Nächsten, der uns eventuell dies oder jenes angetan hat, zu vergeben. Und so wir Gleiches und Ähnliches nicht mehr tun, fühlen wir uns wie befreit; wir werden froher und leben unbeschwerter. Das bringt Leichtigkeit in unseren Körper, weil die Schwere, die Bürde, die wir uns selbst auferlegt haben, von uns abfällt.

Jeder Tag hat seine Last. Doch wenn wir uns umorientieren und beherzigen, was die Lehre Jesu uns sagen möchte, werden wir bald merken, dass die Lasten geringer werden, weil wir zunehmend positiv eingestellt sind. Menschen, die in diesem Bewusstsein leben, werden dann, wenn sie älter werden, auch nicht mehr so oft vom Altwerden oder gar vom Altsein sprechen. Aufgrund ihrer positiven Einstellung aktivieren sie die innere Jugendlichkeit, ungeachtet dessen, dass der Körper welkt und das Gesicht nicht mehr die Frische der Jugend zeigt. Die Spannkraft des Körpers kann dennoch bis ins hohe Alter erhalten bleiben.

Und wenn Sie heute noch Angst haben vor dem Alter, das unter Umständen einen Stock erfordert, um den Körper aufzustützen, dann nehmen Sie heute schon einen Stock in die Hand, und tragen Sie diesen quer über den Rücken. Schlingen Sie die Arme über ihn: Ihre Schultern treten zurück; Sie gehen aufrecht, harmonisch, atmen frisch und harmonisch; Ihre Gedanken werden lichter, Ihr Körper leichter. Sie schauen die Natur mit ganz anderen Augen. Sie spüren: Der Allgeist ist allgegenwärtig, in jeder Pflanze, in jedem Strauch, in jedem Tier. Jeder Tag ist heute, und heute ist Gegenwart. Beginnen Sie heute, und Ihre Jugendlichkeit wird bleiben! Eine aufrechte Haltung fördert auch eine aufrechte Gesinnung.

Das Hauptgebot des Lebens ist das Gebot der Gottes- und Nächstenliebe. Daher wird immer wieder die Frage gestellt: Was ist Liebe? Worin zeigt sich die Nächstenliebe?
Liebe heißt nicht, den anderen zu begehren. Liebe heißt, den Mitmenschen zu verstehen. Liebe heißt, die Natur zu schätzen, die Tiere, unsere „Übernächsten", zu achten und für sie Sorge zu tragen. Wer sich diese Gesinnung zu eigen macht, der wird weder Mensch noch Tier Leid zufügen, noch der Mutter Erde.

Das ist Leben im kosmischen Sein. Daraus entwickelt sich spürbar die Liebe zu allen Dingen, denn Gott ist Liebe. Im Alter ist dann das Leben ein jugendliches Leben. Diese Menschen fühlen sich frisch bis an das Ende ihres irdischen Daseins. Ihr Gang ist aufrecht, weil sie aufrichtig geworden sind. Wer von Jugend an an sich selbst arbeitet, um sich selbst zu erforschen und sich selbst zu bemeistern, der nimmt den Ruf ernst:

Hallo! Hallo! Umdenken!

Liebe Mitmenschen, darf ich Ihnen die jugendliche Frische bis ins hohe Alter wünschen?

Gabriele

Lesen Sie auch ...

Erkenne und heile Dich selbst durch die Kraft des Geistes

Der Mensch ist ein Energiefeld des Geistes. Eine Schwächung dieses Energiefeldes durch negatives Denken und Leben führt zu Krankheit. Rechte Lebensweise und positives Denken dagegen lassen uns gesund und geistig rege bleiben.

Finden Sie Zugang zu Ihrer Seele, und lernen Sie die Bewusstseinszentren kennen, die Schaltstellen der geistig-göttlichen Lebenskraft, die Verbindung zwischen Seele und Körper. Erfahren Sie die Selbstheilung durch die Kraft des Geistes bei verschiedenen Erkrankungen sowie die Wirkung von verschiedenartigen Duftstoffen, Farben und Tönen.

352 S., kart., Euro 12,95. Best.-Nr. S 102. ISBN 978-3-89201-298-6

Gott heilt

Im Menschen wirkt eine mächtige Kraft, die unbeschreiblich ist: Es ist die zentrale Macht der Liebe, Gottes Kraft und Gottes Heil. Erfahren Sie, wie Sie diese Kraft in sich entfalten können!

94 S., kart., Euro 5,00. Best.-Nr. S 309
ISBN 978-3-89201-260-3

Beten, beten, beten
Was hat das gebracht? Beten lernen

Seit eh und je wird viel gebetet ... Doch angesichts der herrschenden Zustände in dieser Welt ist die Frage berechtigt: Was hat das Beten gebracht? - Ein Büchlein, das zum Nachdenken anregt ...

40 S., kart., Euro 6,90. Best.-Nr. S 387
ISBN 978-3-89201-290-0

Ich - Ich - Ich. Die Spinne im Netz
Das Entsprechungsgesetz und das Gesetz der Projektion

Wir leben gefährlich im Gesetz von Saat und Ernte - und, so die alarmierende Botschaft dieses Buches, wir sind zugleich eine Gefahr für unsere Mitmenschen. Solange wir negativ denken und handeln, befinden wir uns in einem Netzwerk, bestehend aus Egoismus, Neid, Missgunst, Lieblosigkeit und anderen Fehlhaltungen. Es ist das Netz unserer „Entsprechungen", in das wir uns eingesponnen haben gleich einer Spinne, die auf Opfer wartet.

Dieses Buch enthüllt, was unter uns Menschen tagtäglich an Beeinflussung und Manipulation abläuft, und lüftet zugleich den Schleier, der vor unseren Augen verbirgt, was als Folge unseres Fehlverhaltens im Unsichtbaren auf der Erde und in den Seelenreichen geschieht. Doch das Buch zeigt uns auch auf, wie wir aus unseren menschlichen Verstrickungen herausfinden können.

280 S., kart., Euro 12,90. Best.-Nr. S 325. ISBN 978-3-89201-297-9

Ich kam - woher? Ich gehe - wohin?

Nach den wichtigsten allgemeinen Erläuterungen zum Thema Leben nach dem Tod werden in diesem Buch die 75 meistgestellten Fragen mit den Antworten dazu wiedergegeben, z.B.: Wie vollzieht sich das Sterben? Was erlebt die Seele, wenn sie ihren Leib verlässt? Karma und Reinkarnation u.v.a.m.

104 S., kart., Euro 8,00. Best.-Nr. S 407. ISBN 978-3-89201-296-2

Viel, viel Leben

Wir sind nur Gast auf Erden

Älter werden oder alt sein?

Viele Menschen fragen sich, besonders in fortgeschrittenem Alter: War das etwa alles? Oder kann ich mit meinem Dasein noch etwas Sinnvolles anfangen? Ihnen, aber auch den Jugendlichen, sagt Gabriele, wie sie vom bloßen Dasein zu einem erfüllten Leben finden können, das auch für andere ein Gewinn ist.

96 S., kart., Euro 7,80. Best.-Nr. S 375. ISBN 978-3-89201-203-2

Das Wort des Christus Gottes
an die Menschheit,
bevor diese Welt vergeht

Näher zu Gott in dir

Glaube, vertraue, hoffe und dulde! Erfahren Sie selbst den kurzen Inneren Weg, den der Christus Gottes im August 2005 durch Gabriele, Seine Prophetin und Botschafterin, offenbarte, in schlichten, klaren Worten, gegeben für alle Menschen, die sich nach Gott sehnen.

120 S., kart., Euro 5,00. Best.-Nr. S 139. ISBN 978-3-89201-204-7

Auch als HÖRBUCH erhältlich:
4 CDs. Euro 14,90. Best.-Nr. D 802. ISBN 978-3-89201-205-4

Gerne senden wir Ihnen unser aktuelles Verzeichnis.

Verlag DAS WORT GmbH
Max-Braun-Str. 2, 97828 Marktheidenfeld
Tel. 09391/504-135, Fax 09391/504-133

Online-Shop:
www.das-wort.com